Hochsensible & gefühlsstarke Kinder

Wie Sie Ihr Kind liebevoll begleiten, erziehen, fördern und stärken - Hochsensibel und glücklich

Maria Groninga

INHALT

Das erwartet Sie in diesem Buch

„Dein Kind ist ja voll das Sensibelchen!" – ja, und?! Was ist daran schlimm? Vielleicht gehört Ihr Kind sogar zu der Personengruppe der hochsensiblen Menschen. Leider wird „sensibel sein" aber oftmals mit einem negativen Unterton ausgesprochen. Möglicherweise ist Ihnen aufgefallen, dass Ihr Kind bestimmte Reize, egal, auf welcher Ebene, besonders intensiv wahrnimmt oder auch eher wahrnimmt, als Sie es tun. Es könnte auch sein, dass Ihr Kind sich öfter einmal zurückzieht, für sich sein will oder aber auch laut schreit und wütet und das von einer Sekunde auf die andere. Macht das Ihr Kind aber zu einem „hochsensiblen Kind"? Und wenn ja, wie können Sie damit umgehen und es in seinem besonderen Gefühlsleben begleiten und unterstützen? Erzieht man ein hochsensibles Kind anders? Auch Fragen bezüglich des Kita-Alltags oder der Schulerfahrung für hochsensible Kinder werden in diesem Buch beantwortet. Zudem werden Sie Teil eines Prozesses, der bei Ihnen selbst beginnt und Sie näher an Ihr Kind heranführen soll.

Elaine Aron, die maßgeblich dafür gesorgt hat, dass Hochsensibilität mehr Beachtung geschenkt wird, hat einmal Folgendes gesagt:P471

„Um ein außergewöhnliches Kind großzuziehen, muss man bereit sein, sich auf ein außergewöhnliches Kind einzulassen."

Indem Sie sich nun hier informieren, starten Sie bereits damit, sich auf das Thema Hochsensibilität einzulassen. Sollten Sie dann erst recht die Vermutung haben, dass Ihr Kind hochsensibel ist, gehen Sie auf Ihren Kinderarzt zu oder informieren Sie sich bei entsprechenden Vereinen.

1. Ab wann spricht man von Hochsensibilität?

Bevor wir uns damit befassen, was es bedeutet, hochsensibel zu sein, wollen wir uns erst einmal anschauen, was der Begriff „sensibel" bedeutet. Der Begriff stammt aus dem Lateinischen und wird mit „empfindsam" übersetzt. Wirft man hier einen Blick in den Duden, so wird sensibel ebenfalls mit empfindsam definiert und darüber hinaus, dass eine Person über eine besondere Feinfühligkeit verfügt. Hinzu kommt aber auch noch die Erklärung

„empfindlich gegenüber Schmerzen und Reizen von außen". Als Synonyme werden unter anderem folgende Begriffe genannt: einfühlsam, feinsinnig, taktvoll, respektvoll.

1.1. URSPRUNG DER HOCHSENSIBILITÄT

Der Begriff der Hochsensibilität ist noch nicht sehr weitverbreitet und wurde erst 1991 von Elaine Aron in einer Studie erkannt und begrifflich definiert. Auch, wenn es zuvor schon Beobachtungen in diesem Bereich gab, war es Aron, die diesen Begriff prägte.

In einem Interview, das über drei Stunden mit 40 Personen, egal, welchen Geschlechts, Alters und sozialer Herkunft, geführt wurde, sollten grundlegende Charakteristika herausgefunden werden. Diese Interviews dienten als Basis für einen Fragebogen, der mit über tausend Personen durchgeführt wurde. Einen solchen Fragebogen kann man auch bis heute ausfüllen. Allerdings wird von einer Selbstdiagnose abgeraten und ein fachlicher Austausch mit einem Psychologen empfohlen.

Schätzungen nach sollen bis zu 20 % der gesamten Menschheit hochsensibel sein. Man geht davon aus, dass hochsensible Menschen per se eine niedrigere Reizschwelle besitzen und somit dies auch eine biologische Disposition darstellt. Allerdings kann nicht selbstverständlich davon ausgegangen werden, dass es vererbbar ist. Vielmehr ist es eine genetische Veranlagung, die aufblüht oder auch nicht.

1.2. URSACHEN

Woher kommt aber diese hohe Sensibilität? Tatsächlich kommt Ihr Kind damit bereits auf die Welt. Es ist eine Veranlagung und somit häufig auch genetisch vorprogrammiert. So finden sich in einer Familie in gerader Linie hochsensible Menschen immer wieder. Allerdings können auch Traumata zu einer hohen Sensibilität führen.

Das Nervensystem ist besonders empfänglich und empfindsam und auch die Reflexe sind deutlich aktiver, wodurch Schmerz stärker empfunden wird. All jenes Wissen wurde 2011 in einer neurowissenschaftlichen Studie belegt. Ebenso wurde festgehalten, dass hochsensible Menschen nicht per se schüchtern sind. Dies kann auch erst hinzukommen, wenn die Umwelt nicht passend damit umgehen kann und sich dann jene betroffenen Personen zurückziehen.

All diese Erklärungen bleiben bisher aber eher Vermutungen, da das Gebiet der Hochsensibilität noch sehr jung ist und viele Fragen offen sind. Es wird viel geforscht, was und wie sich dieses Phänomen zeigt, die Ursachen wurden bisher aber noch eher wenig in den Blick genommen.

1.3. HOCHSENSIBEL SEIN – ODER EINFACH VIEL FÜHLEN

Ist mein Kind nun hochsensibel, weil es einfach mit Reizen nicht so gut umgehen kann? Schauen wir uns einmal an, was Hochsensibilität im Allgemeinen ausmacht.

Hochsensibilität ist eine Disposition. Die Sinnesorgane unterscheiden sich zu anderen Kindern nicht. Ihr Kind kommt mit diesem Temperamentsmerkmal auf die Welt.

„Jeder Tag ist für mich wie auf dem Jahrmarkt." „Wenn ich nur das Deo meines Mannes rieche, bekomme ich schon Migräne." „Das Rauschen des Computerrechners im Nachbarbüro macht mich wahnsinnig." Dies ist ein kleiner Einblick von Aussagen hochsensibler Menschen.

Ganz platt kann man zunächst einmal festhalten, dass Reize intensiver wahrgenommen und somit auch vielfältiger verarbeitet werden. Gefühle und Sinne werden auf eine direktere Weise aktiviert. Diese Intensität ist deutlich stärker als üblich, was wiederum oft jene Personen als „anders" wirken lässt. Neurologisch betrachtet, leisten hochsensible Menschen eine enorme Verarbeitung im Gehirn. Alles, was an Eindrücken aufgenommen wird, wird in ihrer unglaublichen Menge und Vielfalt sortiert, bewertet, analysiert und dann erst als Information weitergegeben. Hierbei erfolgt keine primäre Aussortierung – jeder Ton, jeder Geruch, einfach alles wird aufgesaugt, verarbeitet und weitergegeben. Das klingt schon unglaublich anstrengend und wird von Neurologen auch als Phänomen beschrieben.

Hochsensibilität sollte als Begabung gesehen werden. Wer so viel wahrnehmen kann, ist besonders, wird aber natürlich auch in seinem Alltag sehr davon geprägt und beeinflusst. Eine vorher unsortierte Flut an Eindrücken muss schließlich auch verarbeitet werden, was wiederum irgendwann dazu führen kann, dass das Gehirn überlastet ist. Man spricht hier von einer Überreizung.

Neben einer fehlenden Selektion an Eindrücken jeglicher Art fällt es hochsensiblen Menschen zudem auch schwer, Prioritäten festzulegen. Was ist wichtig? Jede kleinste Aufgabe wird sehr gewissenhaft, besser gesagt, perfekt erledigt. Hier liegt aber auch ein großer Nachteil, wenn es um Aufgabengebiete geht, die schnell abgehakt werden müssen. Der Mut zur Lücke ist für eine hochsensible Person undenkbar.

So lässt sich festhalten, dass hochsensible Menschen feine Nuancen früher wahrnehmen als andere, was ein klarer Vorteil sein kann. Auf der anderen Seite kann es aber schnell zu einer Überforderung kommen, da so viele Eindrücke ungefiltert aufgenommen werden.

Bevor wir uns die positiven Auswirkungen einer Hochsensibilität, aber auch die Überreizung bei Kindern genauer anschauen, soll noch aufgezeigt werden, wie sich Hochsensibilität von Autismus und AD(H)S abgrenzt. Da es hier immer wieder zu ähnlichen Verhaltensmerkmalen kommt, ist die Differenzierung für eine adäquate Begleitung von großer Bedeutung.

1.4. UNTERSCHIED ZUM ASPERGER-AUTISMUS

Möglicherweise erinnern Sie gewisse Fakten und Ver-haltensweisen, die bisher über hochsensible Personen beschrieben worden sind, an Menschen mit dem As-perger-Autismus. Es ist sehr schwierig, diese beiden Phänomene klar abzugrenzen. Vorab: Das Asperger-Syndrom ist eine Störung. Es ist medizinisch diagnos-tizierbar, da es standardisierte Tests gibt. Hingegen ist Hochsensibilität ein Persönlichkeitsmerkmal. Den-noch sind beide genetisch veranlagt. Im Vergleich ha-ben mehr Jungen das Asperger-Syndrom als Mädchen. Bei der Hochsensibilität gibt es kein Geschlecht, das häufiger eine Hochsensibilität aufweist. Beiden ist gleich, dass sie ein besonderes Gespür für Details ha-ben, dass herausfordernde Situationen überfordern können oder das soziale Zusammentreffen nicht leicht zu bewältigen sind. Es wird darüber spekuliert, dass viele Asperger-Autisten auch eine Hochsensibilität zeigen, andersherum ist das jedoch nicht so oft der Fall. Es ist hier keine deutliche Grenze zu ziehen.

Menschen mit dem Asperger-Autismus fühlen sich oft fremd auf diesem Planeten und haben eine ganz eigene und für Außenstehende nur schwer nachvollziehbare Gefühls- und Gedankenwelt. Hochsensible Menschen haben zwar auch mit Überreizung zu kämpfen, können mit dieser aber gekonnter umgehen als Asperger-Autisten. Ebenso können sie sich gut und eigentlich auch gern mit anderen Menschen unterhalten und mögen den sozialen Kontakt. Sprachlich gesehen fallen beide Gruppen auf. Ein Kind mit dem Asperger-Autismus nutzt einen eher außergewöhnlichen, altersuntypischen Wortschatz und auch ihre Grammatik ist oft übersteigert. Ein hochsensibles Kind dagegen überrascht in seinen Erzählungen auf der inhaltlichen Ebene. Vor allem mit vertrauten Personen blühen sie regelrecht auf. Ja, Nähe ist ein großes Thema für hochsensible Menschen, sie können aber immer irgendwie damit umgehen. Beiden ist gemein, dass sie meistens wenige Freunde haben, dass sie viel in Bildern denken, Rituale lieben, diese für sie hilfreich sind, und beide können sich nur ganz schwer entscheiden.

Ein sehr deutlicher Unterschied ist die Fähigkeit zur Empathie. Während Asperger-Autisten diese Fähigkeit, wenn überhaupt, nur sehr gering besitzen, können hochsensible Menschen sich sehr gut in andere hineinversetzen und mitfühlen. Manchmal ist dies sogar fast schon zu viel. Ebenso ist es gerade die große

Begabung, dass hochsensible Menschen feinste, zwischenmenschliche Nuancen in Mimik, Gestik, Tonhöhen usw. wahrnehmen. Das kann ein Asperger-Autist nicht. So braucht ein Kind mit Asperger-Autismus klare Regeln, da diese stets wörtlich genommen werden. Hochsensible Kinder sind in der Lage, Ironie zu verstehen, bemerken Abläufe und erkennen Regeln, selbst wenn sie nirgends niedergeschrieben sind.

Zeigt ein Kind beispielsweise ein starkes Unwohlsein gegenüber Materialien, Konsistenzen oder auch körperlicher Nähe, ist dies häufig ein Merkmal des Asperger-Autismus. Hochsensible Kinder können aber dieses Merkmal ebenfalls aufweisen. Da der Asperger-Autismus mithilfe von Tests zu einer Diagnose führen kann, ist es durchaus möglich, sich hierbei abzusichern, sollten Sie dies bei Ihrem Kind vermuten. Gehen Sie hierbei mit Feingefühl vor, da Ihr Kind ohnehin schon fühlt oder denkt, dass mit ihm vielleicht etwas nicht stimmt.

1.5. UNTERSCHIED ZU AD(H)S

Dass Hochsensibilität häufig auch zur Sprache kommt, wenn es um AD(H)S geht, ist nicht selten. Dennoch werden beide Besonderheiten separat definiert und auch benannt. Kin-der mit AD(H)S und hochsensible Kinder eint, dass sie sehr empfänglich für die Reize ihres alltäglichen Lebens sind. Ebenso müssen beide Gruppen sich täglich enorm anpassen, um in unserer schnellen und reizüberfluteten Welt einigermaßen zurechtzukommen. Sie sind damit konfrontiert, in Normen und erwartete Leistungen zu passen und dazu noch ihr eigenes Gefühlsleben und ihre Wahrnehmung anderer Menschen zu verarbeiten und gegebenenfalls sich selbst stets wieder auszupendeln und entspannt zu bleiben.

Es ist nicht ganz einfach, die beiden Phänomene auf Anhieb voneinander abzugrenzen, wenn man Vermutungen bei einem Kind hat. Ein Unterschied besteht allerdings darin, dass Kinder mit AD(H)S sich nur sehr schwer konzentrieren können und dies ständig. Selbst, wenn alles um es herum ruhig ist, kann sich dieses Kind nicht fokussieren. Ein hochsensibles Kind dagegen ist ein Meister in Konzentration. Mit großer Sorgfalt und Ausdauer können sie Themen und Aufgaben erledigen. Auch fällt es hochsensiblen Kindern leichter, bereits Gelerntes umzusetzen und dies ohne Hilfe. Kinder mit AD(H)S sind hier deutlich länger oder sogar dauerhaft auf Hilfe angewiesen. Sind beide Kinder von einem starken Reiz einmal abgelenkt, so findet ein

Kind mit AD(H)S nur schwer bis kaum wieder zurück zur ursprünglichen Aufgabe. Hochsensible Kinder lassen sich zwar auch ablenken, können dann aber wieder dort weitermachen, wo sie aufgehört haben. Gerät ein hochsensibles Kind unter Druck und Stress kommt auf, so kann es ähnliche Verhaltensweisen zeigen wie ein Kind mit AD(H)S. Dann werden sie auch unruhig und der Fokus kann nicht gehalten werden.

Ein weiterer Unterschied wird deutlich, wenn es darum geht, dass beide Kinder etwas auf-räumen sollen. Hochsensible Kinder räumen sehr geordnet auf, es wirkt, als hätten sie dabei eine innere Logik. Hochsensible Kinder mögen es sehr, wenn es ordentlich ist. Für Kinder mit AD(H)S ist das Aufräumen eine sehr große Herausforderung. Fällt ihnen währenddessen ein Spielzeug in die Hände, dass ihre Aufmerksamkeit gewinnt, dann wissen sie nicht mehr, dass sie eigentlich aufräumen sollten, und wollen spielen. Im Schulalltag fallen beide Kinder auf, da sie nicht am Geschehen teilnehmen. Der Unterschied liegt aber darin, dass hochsensible Kinder sich gern wegträumen, viel nachdenken und sie versuchen, Eindrücke einzuordnen und dann auch zu verarbeiten. Kinder mit AD(H)S zeigen eher sprunghaftes Verhalten. Wie beim Aufräumen geschildert, kann etwas anderes sehr schnell gefallen und dann muss damit beispielsweise gespielt werden. Hinzu-kommt, dass diese Kinder auch bewusst nach Abwechslung suchen und aktiv etwas Neues beginnen. Generell kann man aber auch hier nicht ausschließen, dass ein Kind mit AD(H)S auch hochsensibel sein kann. Andersherum ist dies aber wiederum eher selten der Fall. Somit kann eine hohe Sensibilität ein Merkmal für AD(H)S sein.

- Hochsensibilität ist genetisch veranlagt.

- Hochsensibilität ist ein Temperamentsmerkmal.

- Man geht davon aus, dass bis zu 20 % aller Menschen hochsensibel sind.

- Hochsensible Menschen nehmen besonders intensiv wahr. Dies kann sich auf Geräusche, Berührungen, Gerüche, Temperatur, Materialien und noch vieles mehr beziehen. Ebenso können sie all diese Dinge intensiv wahrnehmen oder nur eines davon. Die Ausprägung kann sehr individuell sein.

- Alles an äußeren Eindrücken wird ungefiltert aufgenommen und weiterverarbeitet – das ist unglaublich anstrengend für hochsensible Menschen.

- Zu einer Überreizung kommt es, wenn eine hochsensible Person keine Möglichkeit hat, zur Ruhe zu kommen oder sich zurückzuziehen. Diese geballte Flut an

---

Eindrücken, die verarbeitet werden muss, ist zu einem gewissen Zeitpunkt dann einfach zu viel.

- Es gibt Ähnlichkeiten zwischen Hochsensibilität und AD(H)S und auch dem Asperger-Autismus. Es sollte versucht werden, dies abzugrenzen, am besten mit einem Psychologen, um dann individuell passend begleiten und agieren zu können.

2. Wie äußert sich Hochsensibilität bei Kindern?

Ein Baby, das ohne Unterbrechung am liebsten im Tragetuch bleiben möchte, eine unendliche Eingewöhnungszeit in die Kita, ein erschöpftes Kind nach einem Kindergeburtstag ... das könnten zunächst auch normal sensible Kinder sein ... oder nicht?! In den folgenden Kapiteln wollen wir Ihnen aufzeigen, was Anzeichen für ein hochsensibles Kind sein können.

Je nach Alter Ihres Kindes ist es wichtig zu wissen, wie man mit einer Hochsensibilität umgehen muss. Allgemein kann beobachtet werden, dass hochsensible Kinder oftmals kreative Köpfe sind und sehr einfühlsam agieren. Auf der anderen Seite jedoch mangelt es ihnen oft an Geduld und scheinbare Lappalien können sie aus der Ruhe bringen. Sind Kinder generell schon impulsiv, so ist es bei hochsensiblen Kindern in einem nochmals gesteigerten Maße.

2.1. SÄUGLINGSALTER

Bereits Babys können hochsensibel sein. So irritieren bereits schnelle Lichtwechsel wie in einem Tunnel oder auch hohe Temperaturunterschiede einen hochsensiblen Säugling immens. Hochsensible Säuglinge sind unglaublich interessiert an ihrer Umwelt, bleiben aber sehr lange in einer Beobachterrolle. Gegenstände selbst erkunden zu wollen, scheint erst einmal überhaupt kein Bedürfnis von ihnen zu sein.

Ist der Alltag nicht ruhig und entwickelt sich keine Struktur, äußern jene Babys es erst recht durch intensives Schreien. Dies kann ebenso passieren, wenn Sie sich beispiels-weise mit Ihrem Partner streiten. Auch jene Stimmungen werden von einem hochsensiblen

Säugling blitzschnell aufgesaugt. Vielleicht haben Sie sich schon überlegt, ob Ihr Säugling ein Schreibaby ist. Hochsensibilität und Regulationsstörungen, welche man bei Schreibabys feststellen kann, können zusammenhängen, müssen es aber nicht.

Da sie sich den Reizen nur schwer aus eigener Kraft entziehen können, ist dies in der vollen Verantwortung der Eltern. Erst mit zunehmender Mobilität ist Ihr Kleinkind in der Lage, sich von einem „Zuviel" wegzubewegen oder mit ausgestreckten Armen der Bezugsperson mitzuteilen, dass es Nähe und Sicherheit benötigt. Diese Säuglinge benötigen sehr viel körperliche und emotionale Hinwendung. Sie in einer Babytrage zu tragen, ist daher sinnvoll, allerdings auf keinen Fall mit Blickrichtung nach vorn. Sie wären den Reizen komplett ausgeliefert und das Gehirn würde übermäßig stimuliert. Auch bei größeren Festen sind jene Babys sehr verunsichert, wenn sie von Arm zu Arm wandern. Es fühlt sich zu Hause am wohlsten, da es dort alle Gerüche, Geräusche und auch Abläufe kennt. Zu viel Besuch im Wochenbett kann auf die ganz Kleinen regelrecht verstörend wirken. Haben jene Babys zu wenig Pausen am Tag, fällt Ihnen oftmals das Einschlafen sehr schwer, da dann alle Eindrücke das Gehirn so überfordert haben, dass nun das

Herunterfahren eine immense Anstrengung bedeutet. Für hochsensible Säuglinge ist es so-mit von unbeding-ter Bedeutung, dass es eine Person gibt, die es reguliert.

Immer wieder stößt man auch auf den Begriff der „High-need-Babys", wenn man sich mit sensiblen Babys beschäftigt oder auch googelt, warum das Kind abends so schlecht einschläft oder nur getragen werden will. William Sears prägte den Begriff der High-need-Babys. Auch er fasste 12 typische Merkmale zusammen, die ein High-need-Baby ausmachen. Sie decken sich in einigen Punkten mit den Fragen über hochsensible Kinder. Dass es hier tatsächlich auch Überschneidungen geben kann, ist noch nicht auszuschließen.

2.2. KLEINKINDALTER

Mit steigendem Alter werden die charakteristischen Merkmale einer Hochsensibilität immer deutlicher. Dies hängt zum Beispiel mit der steigenden Mobilität und auch Sprachentwicklung zusammen. Das Kind kann sich zurückziehen, es kann aber auch Situationen oder Veränderungen ansprechen, die Sie vielleicht noch gar nicht bemerkt haben. Im Kleinkindalter zwischen einem und fünf Jahren zeigt sich, ob Ihr Kind eher introvertiert oder extrovertiert ist. Sollte Ihr Kind schon in der Kita sein, wird es dort wenig mit anderen Kindern spielen und die Gruppe im Ganzen eher meiden wollen. Es kann auch vorkommen, dass es Monate benötigt, bis Ihr Kind von der Beobachterrolle heraustritt und anfängt zu spielen. Möglicherweise fällt Ihnen auch auf, dass Ihre Tochter oder Ihr Sohn bei Ihnen zu Hause „Kita" spielt, in der Kita selbst aber nur beobachtet. Das ist dann einfach ein Verarbeitungsprozess.

Im Kleinkindalter fallen hochsensible Kinder auch durch einen frühen und gut ausgeprägten Wortschatz auf. Sowohl das, was sie verstehen können, als auch das, was sie sagen, hebt sie oft von den Gleichaltrigen ab. Das Gehirn ist dann auch so fokussiert und ausgelastet auf diesen Entwicklungsbereich, dass andere Bereiche wie die Motorik erst einmal wie auf Eis gelegt sind.

2.3. DAS HOCHSENSIBLE KIND IN DER KITA

Generell kann Ihr Kind in jede „normale" Kita gehen. Ob Sie den Fachkräften in der Kita mitteilen, sofern Sie es wissen, dass Ihr Kind hochsensibel ist, bleibt natürlich Ihnen über-lassen. Es kann von Vorteil sein, wenn die ErzieherInnen darüber in Kenntnis gesetzt werden, um dann bereits bei der Eingewöhnung entsprechend agieren und auch die Eingewöhnungszeit von zwei Wochen gegebenenfalls verlängern zu können.

Sollten Sie bisher ausschließlich bemerken, dass Ihr Kind irgendwie anders ist als andere Kinder, kann die Kita auch nochmals eine Möglichkeit sein, herauszufinden, was dieses „anders" denn bedeutet. Besonders in der Phase des Beobachters wird in Kitas auch über Filme das Kind in seinem Alltag beobachtet und im Team angeschaut und besprochen. Je nach Kita-Konzept können Sie als Eltern dort ebenfalls anwesend sein und es kann gemeinsam darüber gesprochen werden, was Ihr Kind braucht, ob es hochsensibel ist und was es Ihnen im Video zeigt. Ebenfalls helfen jene Videosequenzen den Fachkräften bei einer Hochsensibilität, die kleinen Warnsignale des Kindes herauszuarbeiten, um früh genug auch in der Kita Pausen zu ermöglichen und diese zu den „gängigen" Pausen wie dem Mittagsschlaf zu ergänzen.

Was Sie bei der Kita-Auswahl beachten könnten, wäre eine nicht allzu große Kita. Es gibt Kerngruppen, aber bei offenen Konzepten sind die Stammgruppen ausschließlich zu bestimmten Zeiten allein. Den Rest des Tages kann sich jedes Kind überall bewegen, was in großen Häusern auch mal 60 Kinder sein können und somit eine immense Anstrengung für ein hochsensibles Kind bedeutet. Wenn es für Sie als Eltern auch passt, wäre auch eine Kita mit verkürzten Öffnungszeiten eine Möglichkeit, sodass Ihr Kind genügend Ruhe zu Hause hat und dann auch entspannter am Abend in den Schlaf finden kann.

Stellen Sie sich darauf ein, dass Ihr Kind bei der morgendlichen Verabschiedung länger braucht als die anderen Kinder. Hochsensible Kinder erleben diese Trennung als besonders schmerzvoll. Auch hier können Rituale helfen, binden Sie die Bezugsperson in der Kita ein. Ein hochsensibles Kind braucht Hilfe bei Übergängen, sodass eine Fachkraft das Kind in Empfang nehmen muss. Wenn es mit der Kita abgesprochen ist, dann nehmen Sie sich für die Eingewöhnung Zeit. Ein Kind, das nicht gut eingewöhnt ist, leidet unter Stress und ein hochsensibles Kind ist dann verloren. Sollte die Kita dieser Besonderheit bei der Eingewöhnung nicht nachkommen, klären Sie beim Jugendamt ab, ob Sie die Kita aus gegebenen Gründen wechseln können. Möglicherweise wird Ihnen und Ihrem Kind auch eine Integrationskraft zur Seite gestellt.

2.4. SCHULKINDALTER

Der Übergang von einem Kita-Kind zu einem Schulkind ist per se schon ein besonderer Meilenstein in der Kindheit. Hochsensible Kinder reagieren auf eine solch einschneidende Veränderung besonders intensiv. Es kommen neue Aufgaben, wieder neue Kinder und auch ein großes Stück mehr Verantwortung auf Ihr Kind zu. Zudem sind die zeitlichen Abläufe noch strikter, was natürlich auch zur Sicherheit werden kann. Anfänglich bedeutet dies aber erst mal Stress und Druck. Im Unterricht wirkt es so, als seien hochsensible Kinder mit ihrem Kopf ganz woanders. Auch bei der Bearbeitung von Aufgaben sind jene Kinder langsamer oder können im Unterricht die Aufgaben nicht erledigen. Das kann den Eindruck erwecken, dass das Kind nicht richtig zuhört, die Aufgaben nicht versteht und für die Schule nicht intelligent genug sei. In einem ruhigen, vertrauten Setting wie zu Hause ist all dies nicht mehr zu beobachten. Die Hausaufgaben werden sehr zügig und gewissenhaft erledigt. Im Klassenzimmer prasseln demnach zu viele Reize auf Ihr Kind ein, sodass es nicht in der Lage ist, sich konzentrieren zu können. Es ist damit beschäftigt, alle Informationen zu verarbeiten. Ist dies dann aber irgendwann zu viel, beamen sie sich regelrecht weg oder zeigen impulsives, körperliches Verhalten, wie auf dem Stuhl zu schaukeln.

2.5. DAS HOCHSENSIBLE KIND IN DER SCHULE

Kommt das Kind in die Schule, so wird automatisch die Gruppe größer als es in der Kita der Fall war und ausreichend Rückzugsorte und individuelle Rückzugszeiten sind nicht mehr möglich. Das fortgeschrittene Alter lässt bei hochsensiblen Kindern in der Schule erst recht das Gefühl aufkommen, dass sie anders sind, oder sogar das Gefühl, dumm zu sein, weil sie mit den Aufgaben nicht hinterherkommen. Aber da sind schließlich so viele Ein-drücke! Sowohl jene Eindrücke als auch das wertende Gefühl hemmt das Lernen. Dies muss aber kein Dauerzustand sein. Mithilfe von Lerntherapeuten ist es möglich, Ihrem Kind Handwerkszeug mitzugeben, wie es sich auf das Lernen konzentrieren kann. Neueste Forschungen haben nämlich ergeben, dass die Verbindung von körperlicher Aktivität und Lerninhalten gekoppelt mit einem speziellen Hirntraining sehr Erfolg versprechend sind. Das Verknüpfen beider Hirnhälften ermöglicht das Lernen.

Auch ist es von Vorteil, mit den Lehrern darüber zu sprechen. So kann es schon helfen, wenn ein hochsensibles Kind in den ersten Reihen sitzt, sodass es nicht von einer ganzen Gruppe vor ihm erdrückt wird. Dies sind kleine Veränderungen im Alltag, die große Wirkung haben können. Lerntherapie und Ergotherapie können hier zusätzlich hinzugezogen werden.

Ein weiterer Tipp: Fragen Sie bei der Schule an, ob Sie mit Ihrem Kind vor der Einschulung das Gelände besuchen dürften. Das hilft Ihrem Kind dabei, bei seiner inneren Vorbereitung genauere Bilder durchlaufen zu lassen. Es gibt ihm bereits eine erste Orientierung am ersten Schultag. Ebenfalls kann es helfen, wenn ein Kindergartenfreund auf dieselbe Schule und in dieselbe Klasse geht. Immer mehr Schulen bieten kleine Rückzugsmöglichkeiten direkt in den Klassenzimmern an, die die Kinder sogar während des Unterrichts nutzen dürfen. Sprechen Sie dies mit den Lehrern ab und entwickeln Sie gemeinsam Möglichkeiten kleinerer Pausen für Ihr Kind. Es ist zudem immer sehr hilfreich, wenn Sie in einem guten Austausch mit den LehrerInnen sind. Sowohl um darüber in Kenntnis zu sein, wie es Ihrem Kind in der Schule geht, aber auch, um zu erzählen, wie und in welchem „Zustand" das Kind von der Schule nach Hause kommt.

Sonnenseiten einer Hochsensibilität

Hochsensible Kinder zeigen häufig ein starkes Mitgefühl, handeln intuitiv, sind gewissenhaft, ihre Kreativität ist oft sehr ausgeprägt und es scheint für Außenstehende, als sei-en sie sich ihrer Person sehr bewusst. Doch was bedeutet das konkret? Häufig sind jene Kinder introvertierter, was allerdings nicht ausschließen darf, dass auch extrovertierte Kinder hochsensibel sein können. Hochsensible Kinder wirken auf ihre Umwelt stets wachsam, als seien sie ständig auf Empfang und nehmen alles wahr. Und genau so ist es auch! Jede Veränderung wird wahrgenommen. Nicht selten überraschen sie auch mit einer unglaublichen Empathie und können sehr tier-vernarrt sein. P. Tomschi ist Vorstandsmitglied im Münchner Zentrum für Hochsensibilität e. V. und nutzt für jene Kinder auch gern das Wort „Vielfühler" – klingt gleich gar nicht mehr so negativ.

Typisch für hochsensible Kinder ist auch ihre Detailgenauigkeit in Fragen oder Antworten. Sie kommen auf Dinge, an die man als Erwachsener selbst erst mal gar nicht denkt. Darüber hinaus sind sie sehr fantasievoll und überraschen schon früh und altersuntypisch mit einem sehr guten Verständnis für Humor und sogar Ironie.

Schattenseiten der Hochsensibilität

Die belastenden Merkmale kommen bei jenen Kindern dann zum Vorschein, wenn das Gehirn überfordert ist. Von jetzt auf gleich ändert sich die Stimmung – Ihr Kind kann nicht mehr, zieht sich sofort zurück oder wird laut. Dieser abrupte, erst mal unvorhersehbare Umschwung wird häufig von betroffenen Eltern berichtet.

Auch aggressives Verhalten kann zum Vorschein kommen. So sind sie sehr Stress-anfällig, da bereits intensive Gerüche, das Flackern einer defekten Glühbirne, aber auch Kälte oder ein Hungergefühl für jene Kinder grenzwertig sind. Es ist daher zwingend notwendig, dass Sie die Warnsignale und Vorboten einer Überreizung kennen. Dadurch kann rechtzeitig reagiert werden und die Stimmung schlägt nicht gefühlt von jetzt auf nachher um.

Eine niedrigere Reizschwelle führt ebenso zu einer höheren Schmerzempfindlichkeit. Somit ist das Immunsystem bei diesen Kindern aktiver, sodass Krankheiten und Allergien häufiger auftreten. Auch Ablehnung gegenüber bestimmten Materialien in der Kleidung oder Konsistenzen bei Essen können auf ein hochsensibles Kind hinweisen.

Kinder, die hochsensibel sind, spielen häufig allein, da sie viel Action schnell überanstrengt. So sind jene Kinder häufig am Rand des Geschehens, beobachten, was vor sich geht, oder ziehen sich sogar ganz zurück und beschäftigen sich häufig allein.

2.6. FRAGEBOGEN FÜR KINDER

Natürlich kann man bereits mit Kindern den Fragebogen von E. Aron ausfüllen, es wird allerdings davor gewarnt, da man dann dem Kind nur einen Stempel aufdrückt, es aber in seiner Einzigartigkeit völlig übersehen könnte. Um jedoch das Kind zu verstehen und zu erkennen, dass es seine Umwelt und sich selbst anders wahrnimmt und auch anders damit umgeht, kann eine solche Einschätzung für Eltern unglaublich bereichernd und auch beruhigend sein. Das Niedersächsische Institut für frühkindliche Bildung und Erziehung, abgekürzt als NIFBE bezeichnet, hat hierfür den Fragebogen auf seiner Internetseite zur Verfügung gestellt.

In diesem Test werden unter anderem Fragen über die Sinneswahrnehmungen gestellt, über den Sprachwortschatz, das Kontaktverhalten zu anderen Kindern oder auch über das Verhalten bei Festen oder größeren Aktionen am Tag. Auch, wenn der Test begrifflich so wirkt, als wäre es ein Test für eine Diagnose, so wird betont, dass diese Fragen erst mal nur zu einer Einschätzung führen sollen. Es ist daher notwendig, dass ein Kinderarzt oder auch psychologische Experten hinzugezogen werden.

Folgende Fragen sollen nach E. Aron beantwortet werden, um eine erste Einschätzung über eine Hochsensibilität bei Ihrem Kind zu bekommen. Zu finden sind jene Fragen auch in ihrem Buch „Das hochsensible Kind":

Mein Kind ...

1. erschrickt leicht.
2. hat eine empfindliche Haut, verträgt keine kratzenden Stoffe oder keine Nähte in Socken oder Etiketten in T-Shirts.
3. mag keine Überraschungen.
4. profitiert beim Lernen eher durch sanfte Belehrung als harte Strafe.
5. hat einen für sein Alter ungewöhnlich gehobenen Wortschatz.
6. scheint meine Gedanken lesen zu können.
7. ist geruchsempfindlich, sogar bei sehr schwachen Gerüchen.

8. hat einen klugen Sinn für Humor.

9. scheint sehr einfühlsam zu sein.

10. kann nach einem aufregenden Tag schlecht einschlafen.

11. hat Mühe mit großen Veränderungen.

12. findet nasse oder schmutzige Kleidung unangenehm.

13. stellt viele Fragen.

14. ist ein Perfektionist.

15. bemerkt, wenn andere unglücklich sind.

16. bevorzugt leise Spiele.

17. stellt tiefgründige Fragen, die nachdenklich stimmen.

18. ist sehr schmerzempfindlich.

19. ist lärmempfindlich.

20. registriert Details (Veränderungen in der Einrichtung oder im Erscheinungsbild eines Menschen usw.).

21. denkt über mögliche Gefahren nach, bevor es ein Risiko eingeht.

22. erzielt die beste Leistung, wenn keine Fremden dabei sind.

23. hat ein intensives Gefühlsleben.

Auswertung:

Können Sie mindestens 13 Aussagen mit „Ja" beantworten, dann ist Ihr Kind vermutlich hochsensibel.

Es soll hier nochmals betont werden, dass dieser Test kein Diagnose-Instrument darstellt. Er soll lediglich dazu dienen, Eindrücke abzugleichen und das Kind besser zu verstehen.

Leider wird Hochsensibilität in unserer Kultur häufig mit einer Art von Schwäche in Verbindung gebracht und so wird oftmals dann mit jenen Personen umgegangen. Sie wer-den ausgegrenzt oder es wird das Gefühl vermittelt, man müsse diesen Makel beheben. Hochsensibel zu sein, kann aber auch zu einem genussvolleren Leben führen. Die blühenden Lavendelfelder, die leckere Erdbeertorte, das leise Meeresrauschen abends am Strand, sanfte Berührungen beim Kuscheln – alles kann intensiver erlebt werden. So, wie es nicht jeder Mensch kann.

- Hochsensibilität zeigt sich bereits bei Säuglingen.
- Ein hochsensibler Säugling reagiert sehr empfindsam bei Temperaturschwankungen, Lichtwechseln oder Gerüchen. Beim Spielen bleibt der Säugling sehr lange der Beobachter, zeigt großes Interesse, erkundet aber nur sehr wenig.
- Klare Alltagsstrukturen sind für diesen Säugling sehr wichtig. Überreizung äußern sie meistens durch langes und heftiges Schreien.
- Je immobiler das Kind, desto mehr Verantwortung liegt bei den Eltern, es vor zu vielen Reizen zu schützen.
- Im Kleinkindalter wird Hochsensibilität zunehmend deutlicher, da das Kind mobil ist und sich sprachlich ausdrücken kann.
- Hochsensible Kleinkinder zeigen früh einen sehr ausgereiften Wortschatz.
- Jeder Übergang, egal, ob in die Kita oder in die Schule, ist für ein hochsensibles Kind anstrengend.
- Im Schulalltag schafft es das Kind nur schwer, am Unterricht dranzubleiben, im häuslichen

> Setting erledigt es seine Aufgaben akkurat
> und problemlos.
> - Es gibt einen Fragebogen, um eine mögliche
> Hochsensibilität einzuschätzen.

Im nächsten Kapitel soll darauf eingegangen werden, was es bedeutet, Eltern von einem hochsensiblen Kind zu sein. Zunächst werden dabei Sie als Eltern angesprochen, was es für Sie bedeutet und welcher Prozess angestoßen wird, wenn Sie sich mit der Vermutung „Unser Kind ist hochsensibel" befassen. Danach geht es konkret um Ratschläge für den alltäglichen Umgang mit Ihrem Kind – sowohl, was Ihrem Kind guttut, aber auch, was für Ihr hochsensibles Kind unpassend ist.

3. Eltern eines hochsensiblen Kindes sein

Der Alltag mit einem hochsensiblen Kind kann sehr herausfordernd sein. Da die Reizschwelle sehr schnell und oft übertreten wird, kann es deutlich häufiger auch zu Unruhe und Stress für alle Beteiligten führen. Wie Sie die Erziehung gestalten können, soll in den nachfolgenden Tipps aufgezeigt werden.

Bevor wir allerdings jene Tipps von Elaine Aron genauer betrachten, lade ich Sie zu einem kurzen gedanklichen Exkurs ein. Lassen Sie uns einmal versuchen zu erleben, was Ihr Kind erlebt, und das erst mal nur auf einen Sinn bezogen. Viele Reize sind für uns so normal, dass wir über sie hinweggehen. Darum: Spitzen Sie die Ohren und lauschen Sie einmal jetzt im Moment in den Raum, in dem Sie sich gerade befinden. Was hören Sie alles? Welche Geräusche sind laut, welche leise, sind welche unangenehmer als andere? Und hört man wirklich nur die Geräusche in diesem Raum oder sind da doch noch genügend auch von der Straße draußen, aus der Küche und, und, und? Das alles, was Sie nun unter bewusster Fokussierung und Konzentration hören, hört Ihr hochsensibles Kind die ganze Zeit. Und zu all diesen Geräuschen kommen dann auch noch Gerüche, visuelle und taktile Reize usw. – ein Potpourri an Eindrücken.

Elaine Aron hat Tipps zusammengefasst, wie man zunächst damit umgeht, wenn man die Vermutung hat, dass das eigene Kind hochsensibel sein könnte. Diese sollen nun aufgezählt und erklärt werden.

Hochsensibilität erkennen

Machen Sie sich zunächst einmal mit der Begrifflichkeit vertraut. Googeln Sie, sprechen Sie Personen an, wie Psychologen, einen Arzt oder Vereine – eine Anlaufstelle, bei der Sie mit all Ihren Fragen andocken können. Es gibt die unterschiedlichsten Charakteristika bei hochsensiblen Menschen. Dennoch gibt es laut E. Aron irgendwann einen Moment, bei dem es bei den Eltern „KLICK" macht und Sie Ihr Kind in den aufgelisteten Merkmalen wiedererkennen. Urplötzlich fallen Steine vom Herzen, weil es endlich Erklärungen dafür gibt, was Sie intuitiv Ihrem Kind angemerkt haben. Und das kann ungemein erleichternd sein!

Kritisch überlegen

Aufgrund der Vielfalt an Kombinationen der Merkmale für eine Hochsensibilität können weiterhin Zweifel bei Ihnen aufkommen. Dieser Prozess ist natürlich und soll dazu ermutigen, neugierig zu bleiben. Neues muss zunächst hinterfragt werden, damit es zu einer gefestigten Basis werden kann. Für Ihr Kind ist es essenziell, dass Sie genau nach-schauen, nachhorchen, nachlesen. Nur dann erkennen Sie die individuelle Ausprägung bei Ihrem Kind und können dann auch, je nach Ausprägung, für Ihr Kind Raum und Möglichkeiten schaffen, die es für die Erholung braucht. Auch eine Hochsensibilität muss so ausgelebt werden wie zum Beispiel ein hoher Bewegungsdrang. Gibt es keine Möglichkeiten dafür, können ähnliche Muster zutage treten wie bei Kindern mit psychischen Störungsbildern.

Eine häufig auftretende, kritische Frage von Eltern ist auch „sensibel ist doch jeder Mensch". Ja, das stimmt. Dies gründet aber auf einem erlernten Einfühlungsvermögen, das wir in der Kindheit im sozialen Umfeld erlebt und erlernt haben. Die Hochsensibilität ist angeboren und unterscheidet sich zum Sensibel-Sein und Sensibel-Agieren in der fehlenden Filterung äußerer Reize. Gerüche, Stimmen, Gesten – all dies wird ungefiltert aufgenommen. Ob das Kind das möchte oder nicht. Es passiert einfach. Durch diese unfassbare Breite und Vielfalt an Informationen entsteht dann eine ausgeprägte Empathie.

Es kann sein, dass Ihr Kind eine Eigenheit in Bezug auf eine bestimmte Farbe oder ein bestimmtes Material der Kleidung usw. hat. Dies kann mitunter sehr anstrengend werden. Versuchen Sie aber, daran zu denken, dass dies nicht aus Trotz oder Provokation heraus entsteht. Ihr Kind spürt Dinge auch auf der Haut anders. Da kann eine Naht an der Mütze nicht nur stören, sondern sehr unangenehm sein. Oder der Waschzettel reibt nicht nur am Nacken, nein, für Ihr Kind juckt es dann ganz fürchterlich und raschelt dann auch noch bei jeder Kopfbewegung. Das mag banal klingen, für Ihr Kind ist es dies aber nicht. Können Sie diese besonderen Eigenheiten im Alltag berücksichtigen und diese

Unannehmlichkeiten ausschalten, wird es für Sie und Ihr Kind deutlich angenehmer. Sie verwöhnen Ihr Kind in diesem Fall nicht, Sie gehen auf sein Bedürfnis ein. Hätten wir das Gefühl, dass das Größenetikett im Nacken juckt, dann würden wir es schließlich ebenfalls heraustrennen. Ihr Kind wird es Ihnen danken und lernt mal wieder dadurch, wie es mit sich und seinen Bedürfnissen im Leben zurechtkommen kann. Es fühlt sich von Ihnen gesehen! Und das stärkt ungemein!

Informationen einholen

Holen Sie sich Informationen. Egal, ob über das Internet, durch den Besuch einer Gruppe betroffener Eltern oder auch über ein Coaching oder Beratungsgespräch für Eltern. Wissen erleichtert und auch zu hören, wie es anderen Familien geht und wie deren Alltag so abläuft, kann ungemein hilfreich sein und für die nötige Psychohygiene sorgen. Auch ein Gespräch mit einem Experten kann gerade am Anfang viele Fragen und Unsicherheiten klären. Das „Netzwerk Hochsensibilität" bietet auf seiner Internetseite sowohl wertvolle Literatur-Tipps als auch die Möglichkeit, BeraterInnen in Ihrem Umfeld zu finden. Ebenso gibt es eine Online-Plattform mit Info-Veranstaltungen, einem Stammtisch und Treffs für Angehörige aber auch Betroffene selbst.

Es gibt zudem die Möglichkeit, sich Filme oder Dokumentationen generell über das Thema anzusehen. Eine kleine Auswahl davon wären folgende Filme:

- Die anonymen Romantiker
- Proud to be Sensibelchen
- Die Supermenschen.

Neuer Blick auf Ihr Kind
Lassen Sie es zu, sich von Ihrem Kind ein wenig führen zu lassen. Man geht davon aus, dass bereits Neugeborene kompetent sind. Und zwar kompetent darin, Ihren Eltern feinfühliges Verhalten beizubringen. Durch Ihre unterschiedlichen Töne und Mimik zeigen Säuglinge Ihren Eltern, dass etwas nicht stimmt. Was es dann immer ist, gilt es herauszufinden. Nach und nach können aufmerksame Bezugspersonen an feinen Nuancen erkennen, was ihr Kind benötigt.

Auch ein hochsensibles Kind kann Ihnen helfen, sich wieder aufeinander abzustimmen. Es kann vorkommen, dass Sie zurück in die Vergangenheit blicken und ein schlechtes Gewissen haben, weil gewisse Momente nun auch in einem anderen Licht stehen und Sie sich wünschten, die Infos über Hochsensibilität schon früher gehabt zu haben. Aber bleiben Sie nicht an diesen Erinnerungen hängen. Sie wissen es jetzt und können nun starten, die Beziehung zu Ihrem Kind neu zu gestalten. Das ist wunderbar! Es wird auch gewisse Anstrengungen und viel Geduld von allen Beteiligten abverlangen, nichtsdestotrotz können Sie im besten Fall die Besonderheit Ihres Kindes wahrnehmen, begleiten und zuletzt fördern. Dadurch gewinnt Ihr Kind an Selbstvertrauen und darüber hinaus Vertrauen in Sie. Es braucht schließlich keine Sorge mehr haben, dass anders zu sein blöd ist, denn zu Hause kann es sich mit seiner ganzen Persönlichkeit zeigen und somit auch Ihnen immer mehr preisgeben, Stärken aufzeigen, auf welche Sie wiederum eingehen können. Hier wird nochmals deutlich, dass diese wechselseitige Beziehung für beide Parteien immer Lernpotenzial für den anderen hat. Ihr Kind lernt von Ihnen und Sie von Ihrem Kind.

Gängige Fragen

Es gibt ein paar Fragen, die den meisten Eltern unter den Nägeln brennen. Unter anderem sind folgende Fragen die häufig gestellten und die, die einem am schnellsten in den Sinn kommen und unter den Nägeln brennen.

Gibt es die Diagnose „hochsensibles Kind"? – Auch wenn es Fragebögen und einige Studien zu dieser

Thematik gibt, ist noch keine pathologische Diagnose möglich. Dies liegt an den bisher unzugänglichen Kriterien, die eine objektive Diagnose ermöglichen.

Ist Hochsensibilität eine Krankheit? – Nein. Hochsensibilität ist ein Charaktermerkmal. Ihr Kind ist nicht krank oder gestört.

Selbstverständlich werden und können da noch viel mehr Fragen in Ihrem Kopf herum-schwirren. Dies ist normal und gehört zum Prozess dazu. Sie setzen sich schließlich mit der Thematik auseinander. Sollte die eigene Recherche keine ausreichend zufriedenstellenden Antworten liefern, so nutzen Sie wieder Experten, Ärzte, betroffene Eltern oder auch Vereine.

3.1. WAS BENÖTIGT MEIN HOCHSENSIBLES KIND?

Ihr Kind wird sehr schnell erkennen, dass es anders ist als die anderen Kinder und auch erwachsenen Menschen. Das kann es deshalb auch schon sehr früh erkennen, weil es das so sensibel spürt. Da der Großteil des Alltags nicht für hochsensible Menschen aus-gerichtet ist, kann das ein Kind sehr schnell an sich zweifeln lassen. Ihnen als Eltern kommt hier eine sehr verantwortungsvolle Rolle zuteil. Mit welchen

Möglichkeiten und Tipps Sie Ihr Kind begleiten und stärken können, soll nun aufgezeigt werden.

3.2. WEG VON DER ERZIEHUNG HIN ZUR BEZIEHUNG

Vorab: Dass Ihr Kind so viel fühlt, ist eine Besonderheit. Diese anzuerkennen und zu respektieren, sollte Ihre Grundeinstellung in der Beziehung zu Ihrem Kind sein. Versuchen Sie nicht, Ihr Kind zu ändern, sondern versuchen Sie, sich von Ihrem Kind seine besondere Welt der Wahrnehmung und Verarbeitung, soweit dies möglich ist, zeigen zu lassen.

Vielleicht haben Sie bereits zu klassischen Erziehungsratgebern gegriffen und gemerkt, dass es nicht wirklich auf Ihr Kind zutrifft oder nicht „fruchtet". Da Ihr Kind ein wenig anders tickt, benötigen Sie auch einen anderen Koffer an Handling-Tipps. Für diesen Koffer gehen Sie am besten zunächst einmal auf Beobachtungstour: Womit spielt Ihr Kind gern und wie spielt es damit? Wann benötigt es Ihre Hilfe? Wann merken Sie, tun Ihrem Kind feste Rituale gut und fordert es diese vielleicht sogar auch ein? Was macht Ihr Kind als Erstes nach der Schule? Das wären nur ein paar wenige Beispiele, wie Sie Ihr Kind im Alltag beobachten können. Wie Sie den Alltag weiterhin gestalten können und worauf man so Acht geben könnte, wenn das Kind hochsensibel ist, wird nun nochmals genauer aufgezeigt.

Eine bedürfnisorientierte Erziehung kommt besonders hochsensiblen Kindern sehr entgegen – und auch den Eltern. Schließlich geht es darum, dass alle Bedürfnisse in der Familie ihre Daseinsberechtigung haben. Bedürfnisorientierte Beziehung bedeutet nicht, dass das Kind alles bekommt, was es augenscheinlich möchte. Es geht darum, die Bedürfnisse zu erkennen, anzuerkennen und dann zu handeln. Je jünger das Kind, desto prompter die Reaktion, da ein Neugeborenes ausschließlich sehr essenzielle Bedürfnisse hat, die man nicht aufschieben sollte. Nähe, Nahrung, Schlaf, frische Windel – für Neu-geborene fühlt es sich wie eine komplette Hilflosigkeit an, wenn diesen Bedürfnissen nicht nachgegangen wird.

Die Haltung spielt eine wichtige Rolle. Den Kindern wird keine böse Absicht unterstellt, sondern stets ein Bedürfnis dahinter gesehen. Auch ein trotzendes, wütendes Kind hat ein Bedürfnis und sei es das Bedürfnis nach Grenze, Halt oder einer Entscheidung, was sich wiederum mit dem Verhalten eines überreizten, hochsensiblen Kindes deckt. Somit geht es bei einer bedürfnisorientierten Erziehung nicht darum, dass das Kind tun und lassen kann, was es möchte. Wo wäre da die Struktur, der Halt-gebende Alltag, die Rituale? Es geht um Respekt gegenüber dem anderen, man verzichtet auf Strafen, kommuniziert Sachverhalte, es gibt Familienregeln für alle Familienmitglieder und am besten wurden diese von der ganzen Familie zusammengestellt. So ist die ganze Familie auch daran beteiligt, wenn es um Grenzen geht. Ein solches Erziehungsmodell stärkt die Kinder in ihrem Sozialverhalten und baut auch gleichzeitig ihr Selbstbewusstsein auf. Sie können im familiären Umfeld erfahren und üben, wie es mit anderen Menschen, sei es in der Kita, in der Schule oder auch im Beruf, respektvoll und auf Augenhöhe in Kontakt treten kann.

3.3. BEZUGSPERSONEN ALS ANKER

Auch für hochsensible Kinder ist eine stabile Beziehung zu Vertrauenspersonen von immenser Bedeutung. Nehmen Sie Ihr Kind ernst. Es wird noch oft genug vorkommen, dass man an der Wahrnehmung Ihres Kindes zweifelt, sei es durch Lehrer, andere Kinder oder auch Freunde und Familie. Dies kann dazu führen, dass auch Ihr Kind anfängt, an sich und seiner Wahrnehmung zu zweifeln. Glauben Sie Ihrem Kind, wenn es Ihnen von seinen Gefühlen erzählt, denn für Ihren Sohn oder Ihre Tochter ist das die Realität. Fragen Sie ruhig auch nach oder lassen Sie es sich beschreiben, wie etwas ausgesehen, gerochen oder sich angefühlt hat. Achten Sie in den Situationen selbst auf ablehnende Gesten, Mimik und andere nonverbale Kommunikationsmuster. Versuchen Sie dann erst mal, dem Kind eine Pause einzugestehen. Umarmen Sie es, spenden Sie Trost, kuscheln Sie mit ihm oder schauen Sie ein Buch an.

Sie werden mit der Zeit herausfinden, über welchen Weg Ihr Kind zur Ruhe kommen kann. Gehen Sie dann an die Ursachenforschung – was war der Auslöser? Sie könnten auch versuchen, ein Tagebuch zu führen, wie bei Menschen mit Migräne. Was war an jenem Tag, an dem Ihr Kind überfordert wurde? War etwas anders als sonst? Gab es sich langsam aneinander aufbauende Verhaltensweisen Ihres Kindes, an denen Sie hätten merken können, dass es ihm langsam zu viel wird? Wann ist Ihnen aufgefallen, dass es zu viel wird? Wie hat Ihr Kind reagiert? Was hat aber dann wiederum geholfen, dass sich Ihr Kind entspannen konnte?

Wenn Ihr Kind bereits sprechen kann, fragen Sie es einfach mal. Benennen Sie mögliche Gefühle, die Ihr Kind gefühlt haben könnte, und in welchem Moment welches Gefühl ganz mächtig geworden ist. Wenn der Auslöser gefunden ist, kann darüber nachgedacht werden, ob dieser beim nächsten Mal vermeidbar ist oder ob Sie für und auch mit Ihrem Kind einen Weg finden, den Auslöser erträglicher zu machen. Dies kann zum Beispiel bedeuten, dass Sie beim Kinderturnen erst mal die ganze Stunde dabei bleiben und sich dann Schritt für Schritt zurückziehen – ähnlich wie bei einer Eingewöhnung in die Kita.

Es hilft Ihrem hochsensiblen Kind zudem sehr, wenn Sie ihm im Vorfeld erklären, was beispielsweise beim Arztbesuch auf es zukommt. Vielleicht können Sie mit Ihrem Kind auch vorher schon spielerisch durchgehen, was der Arzt dann alles macht. Auch, wenn Sie verreisen, können Sie feststellen, dass Ihr Kind erst mal mit der neuen Umgebung, den neuen Eindrücken warm werden muss. Gewohnte Gegenstände von zu Hause und gleichbleibende Rituale, wie beispielsweise beim Zubettgehen, können Ihrem Kind das Ankommen in einer anderen Umgebung erleichtern. Sichere Bezugspersonen mit ihrer Halt-gebenden

Funktion, manchmal sogar wortwörtlich zu nehmen, dienen als Anker- und Orientierungspunkte.

Ein Feld, das sich bei Menschen mit Hochsensibilität auftut, ist die unglaublich große Empathie. Die Gefühle anderer empfindet bereits ein Kind, das hochsensibel ist, als seine eigenen Gefühle. Dieser Gefühlszusammenfluss muss angesprochen werden, da Ihr Kind lernen soll, sich davor zu schützen. Jedes Gefühl darf und muss auch bei der Person bleiben, die es fühlt, und Ihr Kind muss lernen, dass es ruhig glücklich sein darf, auch wenn es spürt, dass jemand anderes gerade nicht glücklich ist. Sollten Sie bemerken, dass Ihr Kind aufgrund seiner Hochsensibilität auch körperliche Probleme bekommt, wie häufige Kopfschmerzen, Bauchschmerzen, wenig Appetit, wenig Schlaf, dann wenden Sie sich bitte an Ihren Kinderarzt und einen Psychotherapeuten. Die Abgrenzung zum eigenen Wohl fällt auch noch Erwachsenen hin und wieder schwer. Erkennen Sie dies früh bei Ihrem Kind und begleiten Sie es dabei, seine eigenen Grenzen und Gefühle wahrzunehmen anzuerkennen und auch dafür einzustehen.

Um mit Ihrem Kind über seine Hochsensibilität zu sprechen, gibt es mittlerweile großartige Bilderbücher und Bücher für Heranwachsende. Schließlich hilft es, dass auch Ihr Kind selbst versteht, was das denn ist, was sich so anders an ihm anfühlt. Auch können Bilderbücher dazu dienen, mit Ihrem Kind in Beziehung zu treten und eine neue Tür zu öffnen.

Folgende (Bilder-)Bücher befassen sich unter anderem mit dem Thema Hochsensibilität:

- „Ich bin, wie ich bin – genial und total normal" von Sabina Pilguj
- „Das Sorgentier – Wie ist das bei dir?" von Christina Wagner-Meisterburg
- „Der Löwe in dir" von Rachel Bright und Jim Field
- „Tausendfühler Lars: Kinder mit Hochsensibilität" von Hannah-Marie Heine
- „Enno Anders: Löwenzahn im Asphalt" von Astrid Frank.

3.4. NO-GOS IN DER BEZIEHUNG MIT IHREM HOCHSENSIBLEN KIND

Nehmen Sie Ihr Kind ernst! Das, was es fühlt, fühlt es und das kann und darf nicht verharmlost, ignoriert oder abgewertet werden. Wenn Ihr Kind Sie darum bittet, auf der anderen Seite der Straße zu laufen, weil die Sonne so sehr blendet oder so heiß ist, dann empfindet Ihr Kind das intensiver als Sie. Ja, Sie werden sehr viel Geduld benötigen, und ja, es liegen einem bestimmt auch ab und zu mal Sätze wie „jetzt stell dich mal nicht so an" auf den Lippen.

Vielleicht hilft es Ihnen, sich dann aber immer wieder vor Augen zu führen, dass Ihr Kind einfach tatsächlich das fühlt, was es Ihnen mitteilt und zeigt. Dass es Ihnen das überhaupt mitteilt, zeigt, dass es Ihnen vertraut und zudem hilft es Ihnen dabei, Ihr Kinder zu verstehen und auch mögliche Auslöser für eine Überreizung frühzeitig zu erkennen. Im äußersten Fall erlebt Ihr Kind sonst, dass seine Gefühle nicht ernst genommen werden, es zweifelt an sich selbst und verliert den Zugang zu sich. Auch im Erwachsenenalter haben hochsensible Menschen, die im Kindesalter die beschriebene Art erfahren haben, sehr große

Schwierigkeiten, eigene Bedürfnisse und Gefühle überhaupt wahrzunehmen. Sie werden sofort geleugnet, unterdrückt und ignoriert.

3.5. WAS BENÖTIGT MEIN KIND IM ALLTAG?

Selbstbewusstsein stärken

Aufgrund des häufigen Gefühls des „Anders-Seins" ist es von ungemeiner Bedeutung, die Selbstachtung Ihres Kindes aufzubauen und zu stabilisieren. Allgemein gültige Drohungen sollten Sie, wie bei jedem Kind, meiden. Beginnen Sie bei sich und seien Sie mit Ihrer vorgelebten Selbstachtung Vorbild für Ihr Kind. Werfen Sie immer wieder einen Blick auf die Vorteile, die Ihr Kind durch seine Gabe erlebt, und versuchen Sie, Vergleiche mit anderen Kindern zu unterlassen. Besser kann Ihr Kind damit umgehen, wenn Sie wahr-nehmen, dass es vielleicht nun müde ist und lieber gehen möchte, Sie ihm aber noch kurz sagen, dass Sie noch 5 Minuten brauchen, es sich aber ruhig schon ins Auto setzen kann oder Ähnliches.

Den Kontakt zu Gleichaltrigen unterstützen

Ein Junge, der hochsensibel ist, tut sich besonders schwer mit Gleichaltrigen in Kontakt zu kommen, die gerade am liebsten toben und sich raufen. Natürlich gibt es auch für hochsensible Mädchen immer Mal wieder Schwierigkeiten im Kontakt mit anderen Kindern.

Eine Möglichkeit wäre, das Kind etwas Spezielles erlernen zu lassen, sodass es sein Selbstbewusstsein stärkt und sich kompetent fühlt. Auch Rollenspiele können Ihrem Kind helfen, sich mit seinen Sorgen auseinanderzusetzen und spielerisch zu erleben, wie man sich mit anderen Kindern anfreunden kann.

Doch wie könnte man nun herausfinden, welches Kind zu Ihrem Kind passen könnte? Man ist nicht im Kita- oder Schulalltag dabei. Fragen Sie hierfür aber doch einfach mal die BezugsbetreuerInnen oder die LehrerInnen. Die Kontaktaufnahme wird dann auch erst mal über sie laufen. Dadurch könnten die beiden Kinder dann auch mal am Nachmittag gemeinsam etwas unternehmen. Es könnte sein, dass Ihr Kind nach zwei Stunden bereits wieder nach Hause möchte oder eine Pause braucht. Das ist aber dann auch vollkommen in Ordnung. Je vertrauter die Freundschaft wird, desto entspannter kann Ihr Kind sein und die beiden Kinder können sich einpendeln.

Häufig betreiben Kinder am Wochenende oder unter der Woche am Nachmittag noch eine Sportart oder spielen ein Instrument. Ein Mannschaftssport ist eine große Herausforderung, birgt aber sehr viele Vorteile für Ihr Kind. Da es hierbei um den Sport und die Leistung geht, kann eine Integration in die Gruppe gut stattfinden. Studien in den USA haben gezeigt, dass hochsensible Jungs, die an einem Mannschaftssport teilnahmen, gut auf-genommen und kaum bis gar nicht gehänselt wurden. Finden Sie gemeinsam mit Ihrem Kind heraus, welchen Sport es sich vorstellen könnte, besuchen Sie ein paar Einheiten dort und überlegen Sie dann gemeinsam mit Ihrem Kind, wo es sich wohlgefühlt hat und wo es sich vorstellen kann, nochmals mitzumachen.

Reizreduzierung

Hat Ihr Kind am Tag viel erlebt, ist der Abend oft sehr unruhig und das Kind hibbelig. Wenn der Körper zur Ruhe kommt, ist der Geist noch am Verarbeiten. Umso wichtiger ist es, dass es beim Einschlafen ganz still ist, keine Sterne, die an die Decke projiziert werden und Ihr Kind, egal, in welchem Alter, ohne weitere Reize zur Ruhe finden kann.

Das Spielzeug-Angebot sollte ebenfalls gut angeschaut werden. Hochsensible Babys spielen anders. Zu viele Eindrücke sind anstrengend und intuitiv beschäftigt sich das Baby eher mit wenigen, aber dafür herausfordernden Spielsachen. Da sie sehr neugierig und aufmerksam sind, mögen sie anspruchsvolles Spielen. Überschütten Sie Ihr Kind nicht mit Spielsachen, vermeiden Sie eine Dauerbeschallung oder eine durchgehende Besuchermasse. Ja, Kinder sind gebannt von knalligen Farben und blinkenden Spielsachen. Je jünger Ihr Kind ist, desto weniger an solchen Spielsachen sollten Sie Ihrem Kind anbieten. Und auch hier gilt es aber, das Kind nicht von allem auszuschließen. Vielmehr geht es schließlich darum, mit dem Kind gemeinsam den Alltag so zu gestalten, dass es Teil der Gesellschaft ist und auch erlebt, wie es mit seiner besonderen Begabung umgehen kann.

Bei Schulkindern, die Hausaufgaben erledigen, sollte darauf geachtet werden, dass es keine zusätzlichen Geräuschquellen im Umfeld gibt. Das Radio sollte aus sein, keine Nebenher-Gespräche in der Küche, wenn das Kind am Esstisch seine Aufgaben erledigt. Weniger ist mehr.

Auch im Hinblick auf Spielkameraden profitiert Ihr Kind mehr von ein paar wenigen Freunden als von einer ganzen Horde. Laden Sie ab und zu ein Kind ein, drängen Sie Ihr Kind aber nicht. Ebenso kann eine

Aktivität am Nachmittag wie Turnen oder Ähnliches besucht werden. Seien Sie allerdings nicht enttäuscht, wenn es länger dauert, bis Sie und Ihr Kind ein passendes Angebot gefunden haben. Hier bedarf es Geduld und Gelassenheit. Machen Sie Ihr Kind fit fürs Leben und lassen Sie sich von ihm inspirieren.

Rituale für die psychische Sicherheit

Strukturierte Tagesabläufe und klar erkennbare Regeln sind generell ein wichtiger Bestandteil für Kinder. Alles, was man kennt und immer ähnlich abläuft, gibt Sicherheit und das Gefühl, Kontrolle zu besitzen und auch abschalten zu können und abschalten zu dürfen. Für hochsensible Kinder also die Möglichkeit, das Gehirn nicht die ganze Zeit in Höchstleistung zu erleben, sondern auf bekannte, bereits erlebte Informationen zurück-greifen zu können. Rituale, Regeln und Strukturen werden somit zu einer Art Vorsortierung durch außen, durch Sie als Eltern.

Pausen

Möglicherweise haben Sie schon feststellen können, dass Ihr Kind nach einem Schul- oder Kindergartentag sehr platt oder auch sehr aufgedreht oder auch aggressiv zu Hause ist. Schule und Kita sind voll von Reizen. Versuchen Sie, den Nachmittag nicht zu sehr mit

Aktivitäten vollzustopfen, sondern gönnen Sie Ihrem Kind Ruhe. Sie könnten auch gemeinsam mit Ihrem Kind in seinem Kinderzimmer einen Bereich oder eine Ecke so gestalten, wie es für das Kind der optimale Rückzugsplatz wird und zu seiner Erholung beiträgt. So fühlt sich Ihr Kind auch ernst und wahrgenommen und kann seinen Bedürfnissen nachkommen.

Das soll nun nicht den Eindruck vermitteln, Ihrem Kind keinen Vereinssport oder Ähnliches anzubieten. Es geht lediglich darum, feste Zeiten am Tag festzulegen, in denen sich Ihr Kind erholen kann. Sie können Ihr Kind nicht vor allen Reizen schützen und eine Reizüberflutung kann auch ab und an etwas Positives bezwecken: Sie und Ihr Kind erleben, dass und wie man aus einer solchen Situation wieder herausfinden kann. Ebenso sollte der Rückzug nicht zu einer Isolation von der Umwelt werden. Einsamkeit macht krank. Dennoch sollte darauf geachtet werden, dass eine Überreizung kein Dauerzustand ist, da Stress für den Körper nicht gesund ist. Daher wird empfohlen, rücksichtsvoll mit dem Kind umzugehen, aber nicht zu überbrühten.

Warnsignale kennen

Für Eltern ist es besonders wichtig, die individuellen Signale einer anstehenden Überreizung Ihrer Kinder zu erkennen.

Folgende Verhaltensweisen können darauf hinweisen, dass es Ihrem Kind zu viel wird:
- Quengeln
- Sich zurückziehen
- Nichts mehr sprechen
- Jammern
- Unabdingbar Körperkontakt suchen, die Arme nach Ihnen ausstrecken
- Bauchschmerzen, Kopfschmerzen, Gliederschmerzen.

Da sich Stress direkt auch auf den Körper auswirkt, kann es vorkommen, dass Ihr Kind bei einem „Zuviel" über Bauchschmerzen klagt. Dies sollte ernst genommen werden. Legen Sie beispielsweise eine Wärmflasche auf und entspannen Sie mit Ihrem Kind. Ebenfalls können aber auch Massagen angenehm entspannen. Das Kind spürt sich dadurch wieder selbst und das tut gut. Es gibt auch hochsensible Kinder, welchen es hilft, draußen im Wald zu sein.

Zeigt Ihr Kind eine oder mehrere jener Verhaltensweisen, sollten Sie Ihrem Kind eine Erholungsphase gönnen. Ist Ihr Kind bereits überfordert, können Sie von ihm auch keine Entscheidungen mehr verlangen. Die Fragen, ob Ihr Kind zur Entspannung nun lieber ein Buch anschauen will oder kuscheln möchte, müssen vermutlich Sie dann übernehmen. Wut und Aggression hemmen jegliche rationale Entscheidungsfindung – nehmen Sie Ihrem Kind diese Aufgabe ab. Sie sorgen nun wieder für Ordnung im innerlichen Chaos Ihres Kindes. Und dies kann sowohl äußerliche Ordnung sein als auch innere Ordnung. Verbalisieren Sie, was Sie nun tun werden, warum Sie es tun und sprechen Sie auch über die Gefühle Ihres Kindes. Vermeiden Sie harte Worte und versuchen Sie, nicht zu schimpfen.

Letztlich gilt es stets herauszufinden, was auf Ihr Kind zutrifft und welches Verhalten es zeigt, wenn ihm oder ihr etwas zu viel wird. Aber so geht es auch Eltern, deren Kinder nicht hochsensibel sind. Lassen Sie sich auf Ihr Kind ein und seien Sie aufmerksam, was Ihr Kind Ihnen mitteilen will. Bleiben Sie mit ihm in Kontakt und sprechen Sie über Gefühle, die Sie bei Ihrem Kind wahrnehmen, aber auch bei Ihnen selbst. Äußern Sie ruhig auch Vermutungen darüber, wie es Ihrem Kind wohl geht, wie Sie es wahrnehmen und was Sie denken, was ihm guttun könnte, um sich zu erholen.

3.6. ÜBERFORDERUNG DER ELTERN

Es kann anstrengend sein, wenn man ein hochsensibles Kind hat. Und Sie dürfen das auch zugeben! Auch Kinder, die nicht hochsensibel sind, können einmal anstrengende Zeiten für Eltern bedeuten. Das ist keine Schande. Wichtig ist dennoch, zu erkennen, wann es Ihnen zu viel wird oder Sie merken, dass es Ihnen nicht mehr gut geht, denn eine ausgelaugte Mama oder ein müder Papa bringt dem Kind auch nichts. Wenig Energie lässt auch die Geduld schnell ausreizen und das Verhalten ist dann manchmal auch nicht mehr ganz rational gegenüber dem Kind. Ihr hochsensibles Kind spürt so etwas sofort.

Scheuen Sie sich also nicht, darüber zu sprechen und es auch erst mal auszusprechen, dass Sie gerade an Ihre Grenzen kommen. Akkus können leer gehen und müssen dann auch zunächst wieder aufgeladen werden. Vielleicht finden Sie heraus, was Ihnen guttun könnte, um die Akkus wieder aufzuladen. Was fehlt Ihnen? Was bräuchten Sie? Gibt es etwas, was Sie unmittelbar tun könnten? Bräuchte es mal einen halben Tag ganz für Sie allein?

Verbannen Sie auch das schlechte Gewissen, wenn Ihr Partner anbietet, Ihr Kind für einen halben Tag mitzunehmen und gemeinsam etwas zu unternehmen. Sie können gemeinsam überlegen, was die beiden erleben könnten und worauf in dem Fall Ihr Mann vielleicht achten muss. Gerade arbeitende Elternteile bekommen vieles aus den alltäglichen Hürden hochsensibler Kinder nicht mit und sind dann auch dankbar für Hinweise.

Nehmen Sie Unterstützung an. Ihr Kind hat nichts von einer Mama oder einem Papa, der nicht mehr kann. Manchmal hilft auch eine Massage, die Sie sich von Ihrem Hausarzt verschreiben lassen können.

Ab und zu kann es auch helfen, mit anderen Eltern in der gleichen Situation zu sprechen. Im Internet finden sich einige Gruppen und Foren, die zum Austausch Raum bieten. So ist es nicht mehr nur an eine Selbsthilfegruppe gebunden und je nach Typ können Sie sich entscheiden, welche Art des Austauschs Ihnen mehr zusagt.

Sollten Sie doch merken, dass all diese Möglichkeiten Ihnen nicht helfen und sich die Akkus einfach nicht aufladen wollen, scheuen Sie nicht, Ihren Hausarzt um therapeutische Hilfe zu bitten. Es können ein paar Sitzungen bei einem Therapeuten sein oder auch eine Kur. Sie sollten sich auf jeden Fall auch gönnen, dass man nach Ihnen schaut.

- Eltern eines hochsensiblen Kindes zu sein, ist anstrengend.
- Ist Ihr Kind tatsächlich hochsensibel, so beginnen Sie bei sich. Eine gedankliche Um-strukturierung steht an. Versuchen Sie, Ihr Kind wahrzunehmen, holen Sie sich Infos, tauschen Sie sich mit anderen Familien aus.
- Ihr Kind wird sehr schnell merken, dass es anders ist als die anderen Kinder. Treten sie mit Ihrem Kind in Beziehung und gehen Sie das Thema gemeinsam an.
- Weg von der Erziehung hin zur Beziehung.
- Über Gefühle sprechen, Bilderbücher und Filme anschauen, Rollenspiele, um auf Termine vorzubereiten – werden Sie ein Team.
- Reize reduzieren, Warnsignale einer Überreizung erkennen, Rituale einführen, Pausen im Alltag ermöglichen.
- Nehmen Sie Ihr Kind und seine Wahrnehmung ernst – es empfindet anders als Sie, aber es empfindet nun mal so.
- Sie sind die Orientierung und der Anker für Ihr Kind.

- Achten Sie auch auf sich selbst! Eine aus-gelaugte Mutter oder ein müder Vater bringt seinen Kindern nur wenig. Auch Sie dürfen sich eine Auszeit gönnen.

4. Wird mein Kind sein ganzes Leben lang Probleme haben?

Ihr Kind wird nicht sein Leben lang Probleme haben. Aber um diesen Zustand zu erreichen, ist es wichtig, mit Ihrem Kind zusammen Strategien zu erforschen und auszuprobieren, wie Ihr Kind in anstrengenden Momenten für sich gut sorgen kann, um Ressourcen zu entdecken und zu festigen. Gerade in Arbeitsbereichen, in denen viel Einfühlungsvermögen notwendig ist, können hochsensible Menschen ihre Gabe sehr gut einbringen. Ebenso können sie oftmals sehr gut verhandeln und Streit schlichten, ohne dabei jemandem auf die Füße zu treten. Gibt es irgendwo ein Problem, sind sie in der Lage, alle Aspekte drumherum wahrzunehmen und eine passende Lösung daraus zu formen, im besten Falle sehr gerecht für alle Beteiligten. Man sollte nicht ausschließen, dass auch hoch-sensible Menschen Führungspositionen übernehmen können. Da besonders akkurat gearbeitet wird, ist ein Job im Bereich des Qualitätsmanagements ebenso passend. Die große Empathie ist auch sehr hilfreich in sozialen Bereichen und der Arbeit mit Tieren.

Ihr Kind kann ein sehr wundervolles und wertvolles Leben haben, seien Sie da unbesorgt. Die Hochsensibilität kann sogar das besondere Merkmal sein, das positiv abhebt und als der Mehrwert für ein Team gesehen wird.

Abschließende Impulse

Rolf Sellin ist Leiter des Instituts für hochsensible Personen in Stuttgart. Er bezeichnet Kinder mit Hochsensibilität als Geschenk. Er sieht darin klar eine Stärke und das sogar für die ganze Gesellschaft.

Seien Sie mutig! Ihr Kind ist etwas Besonderes. Wenn Sie sich darauf einlassen, dann zeigt Ihr Kind Ihnen die Welt mit all seinen Sinnen und Eindrücken. Man wird dazu eingeladen, Dinge neu zu betrachten und auch Prioritäten neu zu legen. Ja, Ihr Kind nimmt mehr wahr als vielleicht Sie. Das kann auch beängstigend sein, wenn das eigene Kind in gewisser Weise den Eltern immer einen Schritt voraus ist. Möglicherweise ist das aber auch eine große Bereicherung für Ihre Familie. Möglicherweise erleben Sie auch die Welt ganz anders oder entschleunigen den kompletten Familienalltag.

Wie oft geht man über seine eigenen körperlichen und auch mentalen Grenzen, was zum einen auch sinnvoll sein kann, aber im Dauerzustand auslaugt und einen von sich selbst in weite Ferne rückt. Der Bezug zu sich selbst, eigene Bedürfnisse immer wieder wahrzunehmen und sie auch für berechtigt einzuordnen, ist gesund und wird oftmals zu selten bewusst eingefordert. Vielleicht hilft Ihnen Ihr hochsensibles Kind dabei. Wenn Ihr Kind eine Pause braucht, dann nutzen Sie die Zeit doch einfach zusammen oder auch noch mit Ihren anderen Kindern. Da fühlt sich das dann auch gar nicht mehr als eine Einzel-maßnahme für Ihr hochsensibles Kind an und alle rücken im wahrsten Sinne des Wortes auch noch näher zusammen.

Sie werden Gefühle wie Erleichterung, Angst, Erstaunen, Überforderung und vieles mehr erleben. Alles ist erlaubt und normal. Sie sind nicht allein und es gibt Anlaufstellen, die Ihnen und Ihrer Familie helfen herauszufinden, ob Ihr Kind tatsächlich hochsensibel ist und was Sie und Ihre Familie an Informationen, Unterstützung und auch Entlastung brauchen. Der Neustart nach der Erkenntnis kann eine Last an Ungewissheit von den Schultern nehmen, aber auch einen Berg an Neustrukturierung und Arbeit bedeuten. Die Neujustierung bedarf viel Energie, wird sich aber einpendeln und zur Normalität werden. Ich wünsche Ihnen hierbei viel Erfolg und Kraft und finde es wunderbar, dass Sie sich auf den Weg machen. Für Ihr Kind, für Sie, für Ihre ganze Familie.

Herstellung und Verlag:
BoD – Books on Demand, Norderstedt
ISBN: **9783754317587**

1. Auflage
Kontakt: Psiana eCom UG/ Berumer Str. 44/ 26844 Jemgum
Covergestaltung: Fenna Larsson
Coverfoto: depositphotos.com